MÉMOIRE
SUR L'ARRESTATION
DU DUC D'ENGHIEN

Par M. SCHMITT
ANCIEN OFFICIER DE L'ARMÉE DE CONDÉ

Traduit par M. A. PERNOT

Prix : 60 cent.

DOLE
TYPOGRAPHIE L. BERNIN

1895

MÉMOIRE

SUR L'ARRESTATION

DU DUC D'ENGHIEN

Par M. SCHMITT

ANCIEN OFFICIER DE L'ARMÉE DE CONDÉ

Traduit par M. A. PERNOT

Prix : 60 cent.

DOLE
TYPOGRAPHIE L. BERNIN
—
1895

ARRESTATION
DU DUC D'ENGHIEN
ET DE SON ENTOURAGE
A ETTENHEIM

Le Mémoire que je présente aux lecteurs a été écrit en langue allemande par un officier de l'entourage du duc d'Enghien, Henri Schmitt, grand-père de celui qui trace cette note. L'original est en sa possession, de même que deux autres reliques, une bague faite avec les cheveux du duc d'Enghien et une autre bague que le général Damas tenait des gracieusetés de Marie-Antoinette, et qu'il donna au lieutenant Schmitt, sur le champ de bataille où il venait d'être blessé à mort, enfin des lettres du duc et de son grand-père.

Attaché au service du duc d'Enghien, Schmitt fut compris dans l'arrestation, conséquemment témoin oculaire du premier acte de la tragédie jouée à Ettenheim, à Offenbourg et à Strasbourg et dont le dernier acte devait, peu de temps après, se dérouler dans les fossés du fort de Vincennes.

En politique, Ettenheim dépendait du Marquisat de Bade, mais en religion il relevait de l'évêché de Strasbourg. Ce Mémoire, en premier lieu, ramène l'attention sur des faits presque oubliés de l'histoire contemporaine; en second lieu il met en lumière certains détails, certaines particularités, négligés ou ignorés de nos historiographes, préoccupés surtout d'innocenter les uns, d'accuser les autres, tout en demeurant, d'ailleurs, convaincus de tenir en parfait équilibre la balance de la justice.

On sait le thème : Le duc d'Enghien ne conspirait pas à Ettenheim; seulement il cherchait le moyen, épiait l'occasion de rétablir en France la monarchie légitime dont la place était occupée, depuis le 18 Brumaire, par un soldat qui ne comptait pas que des amis dans l'armée, et qui allait devenir, de jour en jour, plus difficile à déloger. Dumouriez, Pichegru, Moreau et *tutti quanti,* de même que le duc d'Enghien et le comte d'Artois prévoyaient cela avec Georges Cadoudal dont le dévouement alla, selon son propre aveu, jusqu'à la suppression pure et simple de l'homme du 18 Brumaire, le premier Consul, le Consul à vie, le prochain Empereur. Mais le général était homme à faire face à la situation, à ne rien ignorer de ce qui pouvait mettre fin à ses aspirations, à ses projets. Il avait d'ailleurs déjà au service de sa fortune Talleyrand et ses semblables pour faire exécuter ses décisions, basées sur des preuves plus ou moins solidement établies; dès ce moment, l'expédition à Ettenheim et à Offenbourg fut irrévocablement décidée et ordonnée. On en sait la solution, on connaît la part que chacun des principaux acteurs y a prise et la qualification d'assassinat politique que la conscience publique ne tarda pas à lui infliger.

Ce rapide coup d'œil rétrospectif a paru nécessaire pour prendre connaissance avec fruit du Mémoire laissé par le lieutenant Schmitt et fidèlement traduit de l'allemand en français par son petit-fils.

Pendant toute la durée de l'émigration, le lieutenant Schmitt passa pour être d'origine anglaise. Son nom de famille fut, dès lors, orthographié *Smith* par divers écrivains. Un des derniers, M. Henri Welschinger, le rectifie en écrivant *Schmidt;* de notre côté, nous écrivons *Schmitt,* comme l'auteur du Mémoire, et cette discordance nous amène naturellement à donner quelques indications biographiques qui ne paraîtront certes pas inopportunes, ni déplacées.

Henry Schmitt naquit à Biblis, près Worms, le 18 novembre 1769, d'une famille catholique. Il entra comme volontaire au régiment d'Esterhazi-hussards le 1er avril 1788. En 1791 il émigra et passa à l'armée de Condé, au régiment de Salm-hussards, avec le brevet de sous-lieutenant, du 15 mai 1791.

Le 24 juillet 1794 il fut nommé porte-guidon au régiment de Baschi-hussards.

Il fit, constamment à l'avant-garde de l'armée de Condé, les campagnes de 1792 à 1797.

Schmitt suivit le corps de Condé en Russie et fut incorporé dans le régiment du duc d'Enghien le 23 avril 1798, comme porte-étendard. Il fit en cette qualité les campagnes de 1799 et 1800, et après le licenciement de l'armée de Condé, il demeura attaché au service du duc d'Enghien, à Ettenheim, jusqu'au 15 mars 1804. Il fut ce jour-là enlevé avec le prince, conduit à la citadelle de Strasbourg, de là à la Force où il demeura au secret pendant neuf mois.

Sous la Restauration, Schmitt fut nommé chevalier de l'ordre de Saint-Louis, le 22 novembre 1816, après avoir été promu chef d'escadron le 3 mars 1815 pour prendre rang du 15 mai 1812.

Le 10 septembre 1817 il fut naturalisé Français gracieusement et nommé percepteur à Drusenheim. Il mourut en 1847.

Tandis qu'il était au régiment des dragons d'Enghien, Schmitt avait beaucoup connu un quartier-maître du même régiment nommé Bronner; il épousa plus tard sa veuve, qui était une demoiselle Schwendt, de Haguenau. De ce mariage étaient nées deux filles; l'une, Elisa, fut la mère de celui dont le nom est au bas de ces lignes.

On pourrait, sans doute, accompagner le récit du lieutenant de nombreuses notes marginales, empruntées à ce qui a paru concernant l'audacieux et tragique événement; mais il ne faut pas oublier qu'il s'agit seulement de recueillir ici un document avec son cachet original, en laissant à d'autres le soin de le commenter et de le compléter s'il y lieu.

A. Pernot.

NOTES DE M. SCHMITT

Ancien Officier des Dragons d'Enghien

SUR L'ARRESTATION DE CE PRINCE

Après le licenciement de l'armée de Condé, qui eut lieu vers la fin du mois de mars 1801 à Windisch-Geistritz, en Styrie, les Princes de la maison de Bourbon, à l'exception de M⁊ʳ le Duc d'Enghien, se retirèrent en Angleterre. Monseigneur, après un séjour de quelques mois à Gratz, vient avec sa suite s'établir à Ettenheim (duché de Bade).

Les aides de camp du Prince, MM. de Siran, Joinville et Cheffontaine, quittèrent S. A. l'un après l'autre pour retourner en France; il ne resta auprès du Prince que MM. les marquis de Thuméry, le colonel de Grünstein, Jacques, secrétaire du Prince, et moi, plus tard MM. du Soulier et Corbier vinrent aussi s'établir à Ettenheim.

Les motifs du choix de la résidence du Prince, malheureusement si rapprochée de la France, les occupations de S. A. sont assez connus pour que je me dispense de les rappeler (1). S. A. habitait la maison de M. le baron d'Ichtratzheim, les autres personnes déjà nommées, demeuraient en ville chez divers particuliers.

Depuis l'arrivée de Son Altesse, jusqu'au jour de la catastrophe, nous vécûmes dans une sécurité parfaite, jamais le Prince ne témoigna devant nous la moindre appréhension pour sa sûreté. Cependant un événement qui eut lieu à Offenburg sembla éveiller l'attention de S. A. et lui donner quelque inquiétude, j'eus alors seulement la certitude que le Prince avait reçu des avis qu'il était l'objet de la surveillance de la police française.

(1) Le prince faisait la cour à Mˡˡᵉ de Rohan, qui habitait un village voisin. (*Note de l'auteur.*)

On prétend qu'un mariage secret, célébré après le retour à Ettenheim, avait uni le duc à la princesse de Rohan-Rochefort, nièce du cardinal (Collier), prince-évêque de Strasbourg.

Le 12 mars 1804, Mgr le Duc reçut d'Offenburg la nouvelle de l'arrestation, par huit gendarmes français, de Mme de Reich ; la ville d'Offenburg s'opposa d'abord à l'extradition de cette dame. Le bailli en fonctions envoya un exprès à Carlsruhe pour prendre les ordres de son souverain, je n'ai jamais connu la réponse du Margrave, mais ce qu'il y a de certain, c'est que Mme de Reich fut enlevée la même nuit que le Prince, ainsi que les personnes qui formaient la société habituelle de cette dame. Ce furent M. l'abbé Desmarre, le marquis de Vauborelle et M. Boulogne, officiers condéens.

Le 13 mars 1804, M. de Grünstein fut envoyé par S. A. à Offenburg pour prendre des informations au sujet de Mme de Reich, et devait en même temps y rencontrer un colonel de F. (1); celui-ci ne se trouva pas au rendez-vous, et M. de Grünstein revint et nous apprit que Mme de Reich se trouvait encore en arrestation, mais gardée par les bourgeois d'Offenburg.

Le 14 mars 1804, Mgr le Duc vint lui-même dans mon logis et me dit de prendre un de ses chevaux, et de suivre sur la route d'Ettenheim à Carlsruhe, un individu arrivé de très bonne heure, à franc étrier, et se donnant pour marchand. S. A. me recommanda d'observer l'homme en question, de m'enquérir du but de son voyage et de la direction qu'il prendrait. Je suivis les ordres du Prince. Bien monté, je ne tardai point à le rejoindre à Igenheim, village distant d'environ quatre lieues et situé sur la route d'Ettenheim à Strasbourg.

Le prétendu marchand s'arrêta dans cet endroit pour changer de chevaux et dîner à l'auberge du Cygne. Je choisis le même pied à terre ; en entrant dans la chambre de l'auberge, je trouvai mon homme prenant déjà son repas ; ce fut lui qui m'adressa le premier la parole en me demandant si je connaissais Lahr. Sur ma réponse affirmative et comme je me donnais pour établi dans ce même endroit, il me cita le nom de plusieurs négociants bien connus, il me parla ensuite du but de son voyage qui, disait-il, avait pour motif la poursuite de deux juifs qui l'avaient filouté, qu'à ce sujet il avait eu affaire aux bailliages de Lahr et d'Ettenheim, enfin, qu'il allait continuer son voyage par Bischofsheim et Rastatt. Il se montra très pressé et à peine eut-il achevé son repas qu'il demanda ses chevaux. Avant de

(1) Schmitt ne s'est jamais rappelé le nom de ce colonel.

partir il remit une lettre au domestique pour l'aubergiste du Soleil d'Or à Ettenheim.

J'avais eu le temps d'observer mon individu et je reconnus facilement qu'il n'était pas ce qu'il voulait paraître. Ses manières et sa tournure dénotaient un militaire déguisé; je continuai donc ma poursuite, et réglant l'allure de mon cheval, je le gardai en vue jusqu'aux environs de Kehl. Certain qu'il prenait cette direction, je revins sur mes pas, S. A. m'ayant recommandé d'être de retour vers 5 heures du soir.

En route, je rencontrai le postillon qui ramenait les chevaux à Ettenheim, je lui demandai la lettre dont il était chargé pour son maître, après quelques difficultés il me la remit et comme il s'agissait de la sûreté du Prince, je ne me fis pas scrupule de l'ouvrir pour en connaître le contenu; elle n'était d'aucun intérêt, et était signée Dubois.

Lorsque je revins à Ettenheim, Son Altesse était encore à la chasse dans la forêt de Rinsheim, éloignée d'une demi-lieue environ. Je m'empressai d'aller au devant du Prince.

En sortant de la ville je rencontrai M. le baron d'Ichtratzheim qui s'informa où j'allais en toute hâte; sur ma réponse, il me remit une lettre pour Mgr, me recommandant de la lui remettre à lui-même, et de le prier de la brûler quand il l'aurait lue.

Je rencontrai le Prince et sa suite au sortir de la forêt, il me fit aussitôt signe de me taire et m'invita à monter dans sa voiture. Dès qu'il fut rentré, il congédia son monde et me fit monter dans son appartement. Je remis d'abord à S. A. la lettre du baron d'Ichtratzheim; lorsque le Prince vit l'adresse il témoigna beaucoup de surprise et me demanda comment cette lettre était venue dans mes mains, je nommai alors la personne qui me l'avait remise et le Prince en parut satisfait. Puis, je lui rendis compte de ma mission et des observations que j'avais faites. Mgr me répondit : « Vous avez bien jugé votre homme, je sais à quoi m'en tenir », et, sans autre réflexion, il me congédia.

J'ai appris, après l'événement, que le prétendu marchand n'était autre que le brigadier de gendarmerie Pferdsdorf, le même qui, le lendemain, pénétra à la tête des soldats, dans les appartements de Son Altesse. Cet homme s'était abouché avec un nommé Stoll, ancien quartier-maître du régiment du prince de Rohan, avec lequel il avait parcouru tout Ettenheim et qui lui avait montré la demeure de S. A.

Le même jour, 14 mars, fatigué de ma course, je me couchai de bonne heure, mais à peine étais-je au lit, que le domestique de M. de Grünstein vint me prier de me rendre de suite chez son maître, qui avait quelque chose d'important à me communiquer. Je pris à la hâte quelques vêtements et je me rendis auprès de M. de Grünstein, où, à peine arrivé, se présenta Joseph, le chasseur du Prince, qui nous dit : « Son Altesse vous attend en bas. » Nous nous empressâmes de le rejoindre. Le Prince nous engagea à l'accompagner chez lui, je m'excusai sur mon négligé et demandai à S. A. la permission de m'habiller, mais le Prince ne le permit pas, je dus donc le suivre.

Arrivés au domicile du Prince, nous apprîmes seulement le motif pour lequel il nous avait fait appeler.

Dans la chambre d'entrée qui servait aussi de salon (le logement était fort exigu), des matelas étaient disposés par terre, le Prince nous dit alors : « Mes amis, je vous ai fait venir pour que vous couchiez près de moi, parce qu'il pourrait prendre envie au gouvernement français de me faire arrêter comme Madame de Reich. »

Ces paroles de Son Altesse, rapprochées de ce qui s'était passé dans la journée, me donnèrent de l'inquiétude, je l'engageai à se mettre en sûreté en s'éloignant d'Ettenheim, ou au moins de passer la nuit dans un autre local; mes instances réunies à celles des personnes qui se trouvaient là, furent sans effet. J'offris de faire la ronde avec Joseph, mais Son Altesse ne le souffrit pas.

Le Prince chercha à nous tranquilliser, en nous disant qu'il ne croyait pas le danger si proche, et que si, contre toutes probabilités, nous devions être surpris, il restait une chance de fuite certaine, par l'issue secrète qui se trouvait dans la maison. S. A., pour être certaine qu'aucun de nous ne sortirait de l'appartement, le ferma elle-même à clef.

Malgré la course fatigante que j'avais faite, je ne pus dormir, l'apparition d'un homme déguisé, la lettre de M. d'Ichtratzheim, l'inquiétude du Prince, tout cela me préoccupa fortement.

Vers minuit, du 14 au 15 mars, j'entendis un bruit ressemblant au piétinement de plusieurs chevaux, je réveillai M. de Grünstein; nous nous mîmes à la fenêtre, il faisait tellement obscur qu'on ne pouvait rien distinguer et le bruit avait cessé dans ce moment. Vers quatre heures du matin, le même bruit se renouvela, mais avec plus de force; M. de Grünstein et moi, nous nous levâmes à la hâte, on ouvrit une fenêtre, et nous vîmes la cour remplie de soldats. Quelques-uns étaient encore occupés à escalader la porte cochère. Nous réveillâmes le Prince qui dormait d'un sommeil paisible. Dès que S. A. fut debout, elle nous recommanda le silence et, accompagné de M. de Grünstein et de son chasseur Joseph, le Prince sortit de l'appartement pour se diriger vers l'issue secrète.

Pendant ce temps, Féron, le valet de chambre, et moi, étions occupés à serrer les objets de valeur; l'absence du Prince se prolongeant, nous nous en réjouissions déjà, le croyant en sûreté. Mais quelle ne fut pas notre douleur, lorsqu'au bout de sept à huit minutes, nous le vîmes revenir!

La clef de l'issue secrète ne s'y trouvait pas, on perdit un temps précieux à la chercher, et quand on voulut sortir, tous les abords de la maison étaient gardés. C'est alors seulement que le Prince nous ordonna de prendre les fusils encore chargés, on se distribua aux fenêtres prêts à faire feu sur l'ordre de S. A. C'est à ce moment que le commandant Charlot, sans aucun doute pour éviter au Prince le sort qui le menaçait, s'écria :

« Monsieur le Prince, ce n'est pas à vous qu'on en veut, nous ne cherchons que des émissaires anglais. »

Dans le même moment, les portes furent enfoncées, et des gendarmes, ayant à leur tête le brigadier Pferdsdorf, le même qui avait fait l'espion, se précipitèrent dans l'appartement le pistolet au poing. Monseigneur, voyant alors que toute résistance était inutile, déposa son arme. Nous en fîmes autant.

On s'empara de nous, et nous fûmes immédiatement dirigés sur un moulin à proximité d'Ettenheim. Ce trajet se fit à pied. Là on s'arrêta et pendant qu'on saisissait les papiers du Prince et que l'on préparait les moyens de transport, le bourgmestre d'Ettenheim constata non seulement l'identité du Prince, mais il fut obligé de nommer tous les prisonniers.

Cette mesure fut prise, je pense, non pour reconnaître S. A., mais pour se convaincre que le nombre des personnes à arrêter était complet.

Les personnes arrêtées et réunies au moulin étaient : Mgr le duc d'Enghien, le marquis de Thuméri (1), de Grünstein, l'abbé Weinborn, grand vicaire, l'abbé Michel, son secrétaire, Jacques, secrétaire de S. A., Joseph Canone, chasseur du Prince, Féron, valet de chambre, le cuisinier de S. A., ainsi que M. de Choutot désigné sous le nom de Poulain et moi Schmitt (2).

Nous fûmes tous placés sur un chariot avec des sièges de paille et ainsi transportés jusqu'au Rhin. Notre escorte était composée du 17ᵉ régiment, autant qu'il m'en souvient. Durant la route je fis la remarque que d'autres troupes étaient échelonnées sur divers points. On passa le Rhin à Kappel; arrivés sur la rive gauche on fut obligé de marcher jusqu'à Rhinau, là S. A. fut placée sur une voiture avec M. de Grünstein et Joseph Canone; le commandant Charlot prit place dans la même voiture et deux gendarmes furent placés sur le siège de devant. Les autres prisonniers furent mis sur un chariot et, entourés d'une forte escorte, nous fûmes conduits à la citadelle de Strasbourg, où on arriva vers 5 heures du soir.

Rien n'était disposé pour notre réception, on resta réunis dans une des chambres du commandant de la citadelle; dans la soirée on nous servit à souper, mais malgré notre fatigue, et quoique n'ayant encore pris d'aliment depuis la veille, personne ne put manger, les émotions de la journée avaient ôté tout appétit.

Après que la table fut desservie, chacun reçut deux matelas pour sa couche de la nuit.

Le lendemain, 16 mars, Mgr le Duc fut transféré, ainsi que nous, dans une autre partie de la citadelle; chacun eut une chambre à lui et la disposition du logement était telle que le Prince pouvait communiquer avec nous. M. de Grünstein seul fut séparé entièrement de ses compagnons.

Dans la matinée du même jour, M. le général Leval, gouverneur de Strasbourg, vint avec son aide de camp auprès de S. A. Après quelques paroles insignifiantes, le général annonça que Mgr et ceux qui l'entouraient auraient la faculté d'écrire et de faire venir les objets dont nous étions privés pour notre toilette, ajoutant qu'il se chargeait de faire parvenir nos lettres.

(1) L'espion Pferdsdorf avait cru que c'était Dumouriez, trompé par la prononciation des Badois. (*Note du traducteur.*)

(2) Ici encore Pferdsdorf avait fait erreur de noms et avait désigné mon grand-père sous le nom de Smith, et lui avait attribué la qualité d'officier anglais. (*Note du traducteur.*)

Chacun s'empressa de profiter de la permission. S. A. écrivit à la princesse de Rohan, et nous, soit à nos parents, soit à nos amis, mais les lettres, au lieu d'être rendues à leur destination, prirent la route de Paris. (Quelle jolie canaillerie!)

Dans l'après-midi, le valet de chambre de S. A., escorté d'un gendarme, se rendit à Ettenheim pour prendre les effets du Prince et de l'argent.

Le même jour, vers le soir, se présentèrent un sieur Popp et le commandant Charlot, pour procéder à la visite des papiers du Prince.

Le 17 mars, on fit une partie de cartes; après midi, les mêmes personnages visitèrent encore les papiers de S. A. et les placèrent sous scellés pour être envoyés à Paris.

Le soir, l'aide de camp du général Leval vint nous dire que l'ordre était arrivé par le télégraphe, d'alléger autant que possible notre captivité et que nous aurions le loisir de nous promener dans la cour de la citadelle. On fit espérer au Prince qu'un petit jardin serait mis à sa disposition et que, le dimanche, nous pourrions entendre la messe dans la chapelle de la citadelle.

Cette amélioration dans notre sort, qu'on nous promettait, nous parut de bonne augure et releva notre moral. Mgr lui-même se fit illusion, aussi le souper fut gai, contre l'ordinaire.

On fit mille conjectures sur ce changement à notre égard, le Prince nous dit : « Il est probable que tout ceci n'est que le résultat d'une erreur, car rien dans ma conduite, ni dans ma correspondance, ne justifie la rigueur avec laquelle on me traite »; et il ajouta : « Ce qui peut m'arriver de pire, c'est d'être retenu prisonnier jusqu'à la conclusion de la paix avec l'Angleterre. Quant à vous, mes amis, je ne doute pas qu'on va vous rendre bientôt à la liberté. »

Ce fut, hélas! le dernier jour que nous devions avoir l'honneur de nous trouver avec l'infortuné Prince, tout l'espoir que nos geôliers avaient donné, toutes les promesses faites, n'étaient qu'amère ironie, et tout cependant, pour le moment, devait nous confirmer dans notre erreur, car on sembla se relâcher de la surveillance sévère à laquelle nous fûmes d'abord soumis, il n'y eut plus de sentinelles dans la chambre, il n'y eut qu'un poste à l'extérieur de l'appartement.

Bercés par un espoir qui devait être cruellement déçu, chacun s'apprêtait à passer, pour la première fois de notre arrestation, une bonne nuit. S. A. voulut bien, cette même nuit, faire placer mon lit dans sa chambre. Je couchai par terre sur les matelas, à côté du Prince; vers minuit, on frappa à la porte, fermée pour la première fois. S. A. qui, dans ce moment, ne dormait pas, m'appela et me dit : « Schmitt, on frappe à la porte, voyez ce que l'on veut. »

Je me levai à la hâte pour ouvrir ; quatre personnes couvertes de manteaux entrèrent, c'étaient le commandant de la citadelle, le commandant Charlot, l'officier de garde et le sous-officier de gendarmerie Pferdsdorf. Le commandant Charlot prit la parole et dit : « Monsieur le Duc, on vous demande à Paris. » Le Prince ajouta : « Tout seul ? » La réponse se faisant attendre, Mgr ajouta : « Ne pourrais-je pas prendre un de mes officiers ou au moins un domestique avec moi ? »

Le commandant répondit sèchement : « Je n'ai point d'ordre pour cela. »

S. A. demanda alors quelque linge qu'on mit dans une serviette et son manteau. Je réveillai nos autres compagnons, MM. de Thuméry, Jacques et les domestiques. Dès que l'infortuné Prince fut habillé, qu'il eut pris sa montre et quelque argent, il nous fit ses adieux et nous embrassa ; nous voyant tous en larmes, S. A. ajouta : « Tranquillisez-vous, nous nous reverrons. » Ce furent les dernières paroles que nous entendîmes sortir de sa bouche. Le Prince partit, escorté par un officier et le brigadier Pferdsdorf, sa voiture entourée de gendarmes, qui se relayaient de deux heures en deux heures, et fut ainsi transporté à Paris.

Les autres prisonniers, à l'exception de M. de Thuméry, de Joseph Canone et de Féron, furent aussi dirigés sur Paris. M. de Grünstein, le 20 mars ; M. Jacques, le 24 mars ; je l'avais précédé dès le 22 mars avec M. l'abbé Desmares, arrêté à Offenburg, et deux sous-officiers de dragons. Arrivés à Paris, M. de Grünstein fut mis à l'Abbaye, M. Jacques à Bicêtre, M. l'abbé Desmarres à la Petite Force, et moi à la Grande Force (1) où je restai près de trois mois au secret. Au bout de ce temps, étant tombé malade, on me transporta à la Petite Force, où je restai jusqu'au mois d'août, traité avec moins de rigueur, puis je fus conduit au Temple.

(1) Je possède les bulletins d'écrou et de levée d'écrou. (Note du traducteur.)

Je n'obtins ma liberté que quelques jours avant le couronnement de l'Empereur; on me donna d'abord une carte de sûreté, avec défense de sortir de Paris, et la veille du couronnement, j'obtins un passeport, avec injonction de sortir de France et de me tenir à trente lieues des frontières.

Voici le récit des événements dont j'ai été le témoin oculaire et auxquels j'ai été mêlé; l'histoire a consigné à jamais les suites qu'a eues cette arrestation arbitraire faite en violation du droit des gens.

Notes de M. Schmitt.

On a prétendu que le malheureux Prince aurait eu une chance de salut, si M. de Grünstein, au moment de l'arrestation, se fût donné pour le Duc.

Je ne me souviens pas que nous ayons été mis en demeure de déclarer qui de nous était le Duc, le brigadier Pferdsdorf, l'inévitable gendarme, le même qui avait plusieurs fois exploré Ettenheim, le même que j'avais été chargé de suivre le jour précédent, et qui ne m'avait pas donné le change comme le disent certaines notices, celui que le Prince lui-même *me dit être un espion*, celui-là connaissait certainement le Prince et moi. Ce gendarme se trouva à la tête de ceux qui pénétrèrent dans l'appartement, quand les portes eurent été forcées, et comme aucun de nous n'avait de ressemblance avec Mgr (encore moins M. Grünstein, qui était d'âge mûr), il ne se serait pas laissé tromper par une fausse déclaration.

Il est certain que ce Stoll, dont j'ai déjà parlé, avait eu des rapports avec Pferdsdorf. Stoll était un ancien militaire de l'armée de Condé, et a pu donner tous les détails sur S. A., sur M. de Thumery et moi, et je doute que si M. de Grünstein avait voulu jouer le rôle du Prince, cela lui eût réussi.

Je veux croire que le premier Consul ne tenait pas beaucoup à la capture des personnes qui entouraient M. le duc d'Enghien; mais comme on avait inventé une conspiration dont on accusait le Prince, il fallait bien lui donner des complices et c'est à ce titre que nous fûmes arrêtés. S'il n'en avait pas été ainsi, pourquoi MM. Weinborn et Michel, qui étaient deux ecclésiastiques et qui n'avaient point de rapports avec S. A., ont-ils été arrêtés?

Pourquoi le capitaine Bronner (1), ancien trésorier des dragons d'Enghien, demeurant à Rastatt, qui venait souvent à Ettenheim rendre ses devoirs au Prince, devait-il être enlevé par un officier supérieur badois, son ami, mais qui le fit prévenir à temps?

Pourquoi au moulin, où nous étions tous réunis, et après que le bourgmestre nous eût tous nommés, pourquoi ne nous mit-on pas tous en liberté à l'exception du Prince?

Une fois arrêté, celui-ci n'eut plus de chance de salut. S. A. aurait pu se soustraire au sort qui l'a atteint, s'il s'était rendu à nos prières de quitter Ettenheim, ou de passer la nuit sous un autre toit.

Quels sont les motifs qui ont porté l'infortuné Duc à rester à Ettenheim? Attendait-il un avis décisif? Lui en coûtait-il trop de s'éloigner d'une personne (2) qui lui était chère?

Était-ce encore pour ne point paraître céder à la crainte? Dieu le sait, car il fut toujours d'une grande discrétion à l'égard de ses amis. Je dois dire encore, que la nuit où il nous recommanda de coucher dans son appartement, il nous défendit d'en parler le lendemain.

Dans ce lugubre événement, on peut dire que la fatalité s'en est mêlée; quelques jours plus tard, il allait habiter Fribourg-en-Brisgau. Là il eût été à l'abri d'un guet-apens et de toute surprise.

(1) Bronner a été le premier mari de ma grand'mère. (*Note du traducteur.*)
(2) La princesse de Rohan.

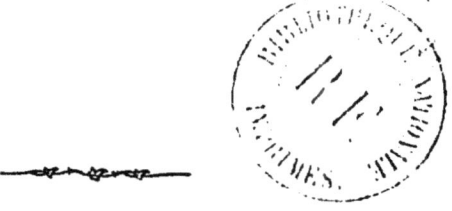